Chansons

Volume 1

de France

29 chansons traditionnelles arrangées et orchestrées par Alain Louvier, interprétées par le chœur d'enfants de la Maîtrise de Paris, dirigé par Patrick Marco

Illustrations d'Aurélia Fronty, Charlotte Labaronne, Cassandre Montoriol, Nathalie Novi, Olivier Tallec, Marcelino Truong

MAÎTRISE DE PARIS

GALLIMARD JEUNESSE MUSIQUE

Sommaire

Sommaire

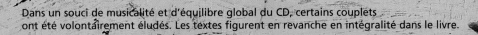

Dans un souci de musicalité et d'équilibre global du CD, certains couplets ont été volontairement éludés. Les textes figurent en revanche en intégralité dans le livre.

V'là l' bon vent

Derrièr' chez nous y a-t-un étang *(bis)*
Trois beaux canards s'en vont baignant.

REFRAIN
V'là l' bon vent, v'là l' joli vent
V'la l' bon vent, ma mie m'appelle,
V'là l' bon vent, v'là l' joli vent
V'là l' bon vent, ma mie m'attend.

Le fils du roi s'en va chassant *(bis)*
Avec son beau fusil d'argent.

Visa le noir, tua le blanc.
– Ô fils du roi, tu es méchant.

D'avoir tué mon canard blanc !
Par-dessous l'aile il perd son sang.

Par les yeux lui sort des diamants,
Et par le bec l'or et l'argent.

Toutes ses plum's s'en vont au vent,
Trois dam's s'en vont les ramassant.

C'est pour en faire un lit de camp
Pour y coucher tous les passants.

Cette chanson, dont on trouve déjà des traces au Moyen Âge, rappelle les clivages de la société française avant la Révolution : elle met aux prises un arrogant seigneur, «fils de roi», chassant pour son plaisir égoïste et un paysan pour qui un canard est une vraie richesse.

À la claire fontaine

À la claire fontaine
M'en allant promener,
J'ai trouvé l'eau si belle
Que je m'y suis baignée.

REFRAIN
Il y a longtemps que je t'aime,
Jamais je ne t'oublierai !

Sous les feuilles d'un chêne
Je me suis fait sécher ;
Sur la plus haute branche
Le rossignol chantait.

Chante, rossignol, chante,
Toi qui as le cœur gai,
Tu as le cœur à rire...
Moi je l'ai à pleurer !

J'ai perdu mon ami,
Sans l'avoir mérité,
Pour un bouquet de roses
Que je lui refusai.

Je voudrais que la rose
Fût encore au rosier,
Et que mon doux ami
Fût encore à m'aimer.

La fontaine, le rossignol, le sous-bois et le chagrin d'amour sont souvent les ingrédients des *chansons de toile*. On appelait ainsi les mélodies populaires chantées par les femmes qui travaillaient le tissu, tisseuses, fileuses ou lavandières. Ci-dessous un groupe de lavandières du XIXe siècle battant le linge au bord de la rivière.

Sur la route de Louviers

Sur la route de Louviers *(bis)*
Y avait un cantonnier *(bis)*
Et qui cassait
Des tas de cailloux
Et qui cassait des tas de cailloux
Pour mettr' su' l' passage des roues. *(bis)*

Un' bell' dam' vint à passer *(bis)*
Dans un beau carross' doré *(bis)*
Et qui lui dit :
– Pauv' cantonnier
Et qui lui dit : – Pauv' cantonnier !
Tu fais un fichu métier ! *(bis)*

Le cantonnier lui répond :
– Faut qu' j' nourrissions nos garçons
Car si j' roulions
Carross' comm' vous
Car si j' roulions carross' comm' vous,
Je n' casserions pas d' cailloux !

Cette répons' se fait r'marquer
Par sa grande simplicité
C'est c' qui prouv' que
Les malheureux
C'est c' qui prouv' que les malheureux
S'ils le sont, c'est malgré eux.

Avant l'invention du macadam en 1815, les routes, boueuses et accidentées, présentaient fréquemment fondrières et nids-de-poule que les cantonniers étaient chargés de reboucher.

En passant par la Lorraine

En passant par la Lorraine, ⎞
Avec mes sabots, ⎠ *(bis)*
Rencontrai trois capitaines,
Avec mes sabots dondaine,
Oh, oh, oh ! avec mes sabots !

Rencontrai trois capitaines, ⎞
Avec mes sabots, ⎠ *(bis)*
Ils m'ont appelée vilaine,
Avec mes sabots dondaine,
Oh, oh, oh ! avec mes sabots !

Ils m'ont appelée vilaine,
Avec mes sabots,
Je ne suis pas si vilaine,
Avec mes sabots dondaine,
Oh, oh, oh ! avec mes sabots !

Je ne suis pas si vilaine,
Avec mes sabots,
Puisque le fils du roi m'aime,
Avec mes sabots dondaine,
Oh, oh, oh ! avec mes sabots !

Puisque le fils du roi m'aime,
Avec mes sabots,
Il m'a donné pour étrennes,
Avec mes sabots dondaine,
Oh, oh, oh ! avec mes sabots !

Il m'a donné pour étrennes,
Avec mes sabots,
Un bouquet de marjolaine,
Avec mes sabots dondaine,
Oh, oh, oh ! avec mes sabots !

Un bouquet de marjolaine,
Avec mes sabots,
Je l'ai planté dans la plaine,
Avec mes sabots dondaine,
Oh, oh, oh ! avec mes sabots !

Je l'ai planté dans la plaine,
Avec mes sabots,
S'il fleurit je serai reine,
Avec mes sabots dondaine,
Oh, oh, oh ! avec mes sabots !

S'il fleurit je serai reine,
Avec mes sabots,
Si il meurt je perds ma peine,
Avec mes sabots dondaine,
Oh, oh, oh ! avec mes sabots !

Jusqu'à la Première Guerre mondiale, les paysans vivaient en sabots, les chaussures étant réservées aux dimanches. Au XIXe siècle, chaque village avait son sabotier. Après avoir abattu et débité le bois, il taillait dans la bûche une forme de sabot, qu'il creusait et *parait*.

Les maillettes sont de gros clous dont le savetier ferrait autrefois les semelles des chaussures. Installé en plein air ou dans une échoppe découverte, le savetier ne confectionnait pas de chaussures (c'était le travail du cordonnier) mais, pour quelques piécettes, il recousait les vieux souliers. La jeune fille de la chanson refuse d'épouser un homme qui ait de la maillette sous les souliers, c'est-à-dire un paysan, un «cul-terreux».

Les gars de Locminé

REFRAIN
Sont, sont, sont les gars de Locminé,
Qui ont de la maillette,
Qui ont de la maillette ;
Sont, sont, sont les gars de Locminé,
Qui ont de la maillette,
Dessous leurs souliers.

Mon père et ma mère d' Locminé y sont.
D' Locminé y sont.
Ils ont fait promesse qu'ils me marieront.

Ils ont fait promesse qu'ils me marieront.
Qu'ils me marieront.
Mais s'ils me marient s'en repentiront.

Mais s'ils me marient s'en repentiront.
S'en repentiront.
Je vendrai leur terre, sillon par sillon.

Je vendrai leur terre, sillon par sillon.
Sillon par sillon.
Au dernier bout d' terre, bâtirai maison.

Au dernier bout d' terre, bâtirai maison.
Bâtirai maison.
Et si le roi passe, nous l'inviterons.

Et si le roi passe, nous l'inviterons.
Nous l'inviterons.
Et s'il veut des crêpes, nous lui en ferons.

Les compagnons de la Marjolaine

Qu'est-c' qui passe ici si tard,
Compagnons de la Marjolaine ?
Qu'est-c' qui passe ici si tard,
Gai, gai, dessus le quai ?

C'est le chevalier du guet,
Compagnons de la Marjolaine,
C'est le chevalier du guet
Gai, gai, dessus le quai.

Que demande le chevalier,
Compagnons de la Marjolaine ?
Que demande le chevalier,
Gai, gai, dessus le quai ?

Une fille à marier,
Compagnons de la Marjolaine,
Une fille à marier,
Gai, gai, dessus le quai.

Sur les minuit repassez,
Compagnons de la Marjolaine,
Sur les minuit repassez,
Gai, gai, dessus le quai.

Voilà les minuit passé,
Compagnons de la Marjolaine,
Voilà les minuit passé,
Gai, gai, dessus le quai.

Qu'est-c' que vous me donnerez,
Compagnons de la Marjolaine ?
Qu'est-c' que vous me donnerez,
Gai, gai, dessus le quai ?

De l'or, des bijoux assez,
Compagnons de la Marjolaine,
De l'or, des bijoux assez,
Gai, gai, dessus le quai.

Je n' suis pas intéressée,
Compagnons de la Marjolaine,
Je n' suis pas intéressée,
Gai, gai, dessus le quai.

Mon cœur je vous donnerai,
Compagnons de la Marjolaine,
Mon cœur je vous donnerai,
Gai, gai, dessus le quai !

Dès le Moyen Âge, un service de guet veillait à la sûreté des rues de Paris pendant la nuit. Il y avait un guet civil constitué d'un groupe d'habitants du quartier et un guet militaire composé de soixante sergents à pied et à cheval. Le chevalier du guet, qui commandait ces hommes, jouissait d'un grand prestige.

Ne pleure pas, Jeannette

Ne pleure pas, Jeannette,
Tra la la la la la la la la la la la la,
Ne pleure pas, Jeannette,
Nous te marierons. *(bis)*

Avec le fils d'un prince,
Tra la la la la la la la la la la la la,
Avec le fils d'un prince,
Ou celui d'un baron. *(bis)*

Je ne veux pas d'un prince
Encor' moins d'un baron.

Je veux mon ami Pierre
Celui qu'est en prison.

Tu n'auras pas ton Pierre
Nous le pendouillerons.

Si vous pendouillez Pierre
Pendouillez-moi avec.

Et l'on pendouilla Pierre
Et la Jeannette avec.

Une jeune fille qui refuse un noble mariage par amour pour un bandit, voilà un thème ancien et fréquent dans les chansons populaires, mais le dénouement de celle-ci est particulièrement cru. Au XIVᵉ ou au XVᵉ siècle, à l'époque où naît cette chanson, la pendaison est le châtiment reservé aux criminels les plus endurcis. Elle se fait en public, de façon à servir d'exemple.

Dans les prisons de Nantes

Dans les prisons de Nantes,
Eh' youp la la la ri tra la la,
Dans les prisons de Nantes,
Il y a un prisonnier *(ter)*.

Que personne ne va voir
Eh' youp la la la ri tra la la,
Que personne ne va voir
Que la fille du geôlier *(ter)*.

Elle lui porte à boire,
À boire et à manger.

Et des chemises blanches
Quand il veut en changer.

Un jour il lui demande :
– De moi oy'-ous parler ?

– Le bruit court par la ville
Que demain vous mourrez.

– Puisqu'il faut que je meure,
Déliez-moi les pieds.

La fille était jeunette,
Les pieds lui a lâchés.

Le galant fort alerte
Dans la mer a sauté.

Quand il fut sur la grève,
Il se mit à chanter :

– Dieu bénisse les filles,
Surtout celle du geôlier.

Si je reviens à Nantes,
Oui, je l'épouserai.

Le château de Nantes servit
pendant longtemps de
caserne et de prison d'État.
À la fin du XVIIᵉ siècle, au
moment ou apparaît cette
chanson, Nantes «accueille»
d'ailleurs un prisonnier
célèbre : le surintendant
des Finances de Louis XIV,
Fouquet, arrêté par
d'Artagnan, sur ordre
du roi. Fouquet n'eut pas
la chance du prisonnier
de la chanson puisqu'il finit
ses jours en prison...

Sont les fill's de La Rochelle

Sont les fill's de La Rochelle
Ont armé un bâtiment *(bis)*
Pour aller faire la course
Dedans les mers du Levant.

REFRAIN
Ah ! la feuille s'envole, s'envole
Ah ! la feuille s'envole au vent !

La grand'vergue est en ivoire
Les poulies, en diamant blanc *(bis)*
La grand'voile est en dentelle
La misaine, en satin blanc.

Les cordages du navire
Sont des fils d'or et d'argent
Et la coque est en bois rouge
Travaillé fort proprement.

L'équipage du navire
C'est tout filles de quinze ans
Le cap'taine qui les commande
Est le roi des bons enfants.

Hier faisant sa promenade
Dessus le gaillard d'avant
Aperçut une brunette
Qui pleurait dans les haubans.

Qu'avez-vous, jeune brunette,
Qu'avez-vous à pleurer tant ?
Av'-vous perdu père et mère
Ou quelqu'un de vos parents ?

J'ai perdu la rose blanche
Qui s'en fut la voil' au vent
Elle est partie vent arrière
Reviendra-z-en louvoyant.

Pendant tout le Moyen Âge, La Rochelle est le plus important des ports français sur l'Atlantique. Au XVIIᵉ siècle, elle devient le point de départ de ce qu'on appelle le commerce triangulaire : les navires quittent la France pour l'Afrique où ils chargent des esclaves qu'ils vont échanger aux Antilles contre du sucre et en Nouvelle-France (Canada) contre des fourrures.

Chantons la vigne

Chantons la vigne,
La voilà la joli' vigne,
Vigni, vignons, vignons le vin,
La voilà la joli' vigne au vin,
La voilà la joli' vigne.

De vigne en terre,
La voilà la joli' terre,
Terri, terrons, terrons le vin,
La voilà la joli' vigne au vin,
La voilà la joli' vigne.

De terre en cep.

De cep en pousse.

De pousse en feuille.

De feuille en fleur.

De fleur en grappe.

De grappe en cueille.

De cueille en hotte.

De hotte en cuve.

De cuve en presse.

De presse en tonne.

De tonne en cave.

De cave en perce.

De perce en cruche.

De cruche en verre.

De verre en trinque.

De trinque en bouche.

De bouche en ventre.

De ventre en terre.

De terre en cep. Etc.

Jusqu'à une époque assez récente, on foulait aux pieds les raisins vendangés. Dans le pressoir jusqu'aux genoux, les fouleurs avaient coutume de chanter des airs cadencés qui rythmaient leur travail. Cette chanson, par son thème et par son rythme binaire (deux temps, un pour chaque pied !), s'y prêtait fort bien.

Le vieux chalet

Là-haut sur la montagne
L'était un vieux chalet ; **)** *(bis)*
Murs blancs, toit de bardeaux,
Devant la porte un vieux bouleau.
Là-haut sur la montagne
L'était un vieux chalet.

Là-haut sur la montagne
Croula le vieux chalet ; **)** *(bis)*
La neige et les rochers
S'étaient unis pour l'arracher.
Là-haut sur la montagne
Croula le vieux chalet.

Là-haut sur la montagne
Quand Jean vint au chalet
Pleura de tout son cœur
Sur les débris de son bonheur.
Là-haut sur la montagne
Quand Jean vint au chalet.

Là-haut sur la montagne
L'est un nouveau chalet ;
Car Jean d'un cœur vaillant
L'a rebâti plus beau qu'avant.
Là-haut sur la montagne
L'est un nouveau chalet.

Avec leurs toits de bardeaux (larges planches de bois employées à la place des tuiles) et leurs fenêtres étroites, les chalets alpins sont conçus pour résister le mieux possible aux rigueurs du climat mais, quand ce dernier l'emporte, alors les montagnards doivent mobiliser tout leur courage pour reconstruire. Les paroles de cette chanson ont d'ailleurs connu, pendant la Seconde Guerre mondiale, un immense succès en France occupée. Elles symbolisaient pour les jeunes l'espoir d'une libération et d'une reconstruction.

Colchiques

Colchiques dans les prés fleurissent, fleurissent,
Colchiques dans les prés : c'est la fin de l'été.

REFRAIN
La feuille d'automne emportée par le vent
En ronde monotone tombe en tourbillonnant.

Châtaignes dans les bois se fendent, se fendent,
Châtaignes dans les bois se fendent sous les pas.

Nuages dans le ciel s'étirent, s'étirent,
Nuages dans le ciel s'étirent comme une aile.

Et ce chant dans mon cœur murmure, murmure
Et ce chant dans mon cœur appelle le bonheur.

Le succès de cette chanson récente (écrite en 1960) en a fait un classique du répertoire populaire. Le colchique est une plante à fleurs mauves ou roses qui apparaît dans les prés à l'automne et qui signe à elle seule la fin de l'été.

Sur l' pont du Nord

Sur l' pont du Nord, un bal y est donné. *(bis)*

Adèle demande à sa mère d'y aller. *(bis)*

Non, non, ma fille, tu n'iras pas danser.

Monte à sa chambre et se met à pleurer.

Son frère arrive dans un bateau doré.

Ma sœur, ma sœur, qu'as-tu donc à pleurer ?

Maman n' veut pas que j'aille au bal danser.

Mets ta robe blanche et ta ceinture dorée.

Et nous irons tous deux au bal danser.

La première danse, Adèle a bien dansé.

La deuxième danse, le pont s'est écroulé.

Les cloches de Nantes se mirent à sonner.

La mère demande pour qui elles ont sonné.

C'est pour Adèle et votre fils aîné.

Voilà le sort des enfants obstinés.

Qui vont au bal sans y être invités.

Le bal en plein air a toujours été, dans les villes et les villages, un des temps forts de la belle saison. Dès le Moyen Âge, à l'époque où apparaît cette chanson, les villageois se retrouvaient pour danser dans un pré, sur une place ou, souvent, sur le pont de la ville, quand celle-ci en possédait un suffisamment large et solide.

La Marseillaise

Allons enfants de la patrie,
Le jour de gloire est arrivé.
Contre nous de la tyrannie,
L'étendard sanglant est levé *(bis)*
Entendez-vous dans nos campagnes
Mugir ces féroces soldats,
Ils viennent jusque dans nos bras
Égorger nos fils, nos compagnes.

REFRAIN
Aux armes, citoyens !
Formez vos bataillons !
Marchons, marchons,
Qu'un sang impur
Abreuve nos sillons.

Que veut cette horde d'esclaves,
De traîtres, de rois conjurés ?
Pour qui ces ignobles entraves,
Ces fers dès longtemps préparés ? *(bis)*
Français, pour nous, ah ! quel outrage,
Quels transports il doit exciter ?
C'est nous, qu'on ose méditer
De rendre à l'antique esclavage !

Quoi, des cohortes étrangères
Feraient la loi dans nos foyers ?
Quoi, des phalanges mercenaires
Terrasseraient nos fiers guerriers ?
Grand Dieu !... Par des mains enchaînées,
Nos fronts sous le joug ploieraient,
De vils despotes deviendraient
Les maîtres de nos destinées ?

Tremblez, tyrans ! et vous perfides
L'opprobre de tous les partis,
Tremblez !... Vos projets parricides
Vont enfin recevoir leur prix.
Tout est soldat pour vous combattre
S'ils tombent, nos jeunes héros,
La terre en produit de nouveaux
Contre vous tous prêts à se battre.

La Marseillaise est une exception dans la chanson populaire puisque l'on connaît très exactement le jour de sa naissance et son auteur. Le 24 avril 1792, parvint à Strasbourg la nouvelle de la déclaration de guerre faite par la jeune République française à l'Autriche. Le jeune officier Rouget de Lisle, poète et musicien à ses heures, décide d'écrire un chant patriotique pour galvaniser les troupes françaises. Parce qu'il rencontre ses premiers succès à Marseille, son chant de guerre est rebaptisé La Marseillaise, il devient en 1795, l'hymne national de la France.

Français ! en guerriers magnanimes
Portez ou retenez vos coups,
Épargnez ces tristes victimes
À regret s'armant contre nous.
Mais le despote sanguinaire,
Mais les complices de Bouillé,
Tous ces tigres qui, sans pitié,
Déchirent le sein de leur mère.

Amour sacré de la patrie
Conduis, soutiens nos bras vengeurs.
Liberté, liberté chérie
Combats avec tes défenseurs.
Sous nos drapeaux, que la victoire
Accoure à tes mâles accents,
Que tes ennemis expirants
Voient ton triomphe et notre gloire !

Strophe des enfants :
Nous entrerons dans la carrière
Quand nos aînés n'y seront plus ;
Nous y trouverons leur poussière
Et la trace de leurs vertus.
Bien moins jaloux de leur survivre
Que de partager leur cercueil,
Nous aurons le sublime orgueil
De les venger ou de les suivre !

Nous n'irons plus au bois

Nous n'irons plus au bois,
Les lauriers sont coupés,
La belle que voilà
Ira les ramasser.

REFRAIN
Entrez dans la danse,
Voyez comme on danse,
Sautez, dansez,
Embrassez qui vous voudrez.

La belle que voilà
Ira les ramasser,
Mais les lauriers du bois,
Les laiss'rons-nous couper ?

Mais les lauriers du bois,
Les lairons-nous couper ?
Non chacune à son tour
Ira les ramasser.

Non chacune à son tour
Ira les ramasser.
Si la cigale y dort
Il n' faut pas la blesser.

Si la cigale y dort
Il n' faut pas la blesser.
Le chant du rossignol
Viendra la réveiller.

Le chant du rossignol
Viendra la réveiller.
Et aussi la fauvette
Avec son doux gosier.

Et aussi la fauvette
Avec son doux gosier.
Et Jeanne la bergère
Avec son blanc panier.

Et Jeanne la bergère
Avec son blanc panier.
Allant cueillir la fraise
Et la fleur d'églantier.

Allant cueillir la fraise
Et la fleur d'églantier.
Cigale, ma cigale,
Allons, il faut chanter.

Cigale, ma cigale,
Allons, il faut chanter.
Car les lauriers du bois
Sont déjà repoussés.

Comme beaucoup d'autres, cette chanson ancienne a été popularisée par les chanteurs de rue qui au XVIIIe et au XIXe siècle se produisaient à Paris, sur le Pont-Neuf. *Nous n'irons plus au bois* a aujourd'hui intégré le répertoire enfantin, mais elle était d'abord destinée aux amoureux à qui les arbustes de laurier du bois de Boulogne permettaient de se voir sans être vus...

La légende de saint Nicolas

Il était trois petits enfants
Qui s'en allaient glaner aux champs.
Tant sont allés, tant sont venus
Que sur le soir se sont perdus.
S'en sont allés chez le boucher :
« Boucher, voudrais-tu nous loger ?

– Entrez, entrez, petits enfants,
Y a de la place, assurément. »
Ils n'étaient pas sitôt entrés
Que le boucher les a tués,
Les a coupés en p'tits morceaux,
Mis au saloir comme pourceaux.

Saint Nicolas, au bout d'sept ans,
Vint à passer dedans ce champ ;
Il s'en alla chez le boucher :
« Boucher, voudrais-tu me loger ?
– Entrez, entrez, saint Nicolas,
De la place il n'en manque pas. »

Il n'était pas sitôt entré
Qu'il a demandé à souper.
On lui apporte du jambon,
Il n'en veut pas, il n'est pas bon.
On lui apporte du rôti,
Il n'en veut pas, il n'est pas cuit.

« De ce salé, je veux avoir,
Qu'y a sept ans qu'est dans l' saloir. »
Quand le boucher entendit ça
Hors de sa porte, il s'enfuya :
« Boucher, boucher, ne t'enfuis pas ;
Repens-toi, Dieu t' pardonnera. »

Saint Nicolas pose trois doigts
Dessus le bord de ce saloir :
« Petits enfants qui dormez là,
Je suis le grand saint Nicolas. »
Et le grand saint étend trois doigts,
Les p'tits se relèvent tous les trois.

Le premier dit : « J'ai bien dormi. »
Le second dit : « Et moi aussi. »
Et le troisième répondit :
« Je croyais être en paradis ! »
Il était trois petits enfants
Qui s'en allaient glaner aux champs…

Au-delà de la légende de saint Nicolas (évêque du IVe siècle) qu'elle rapporte, cette chanson nous renseigne sur la vie quotidienne d'autrefois : les saloirs ont presque disparu aujourd'hui, mais jusqu'au XIXe siècle, avant l'invention des chambres froides, ces pièces servaient à conserver le cochon que l'on tuait une fois l'an dans chaque ferme. Les autres viandes, qui ne se conservaient pas, étaient alors un luxe.

Vent frais

Vent frais, vent du matin,
Soulevant le sommet des grands pins,
Joie du vent qui souffle, allons dans le grand
Vent frais...

Cette chanson est un canon
à trois voix composé
dans les années 1950.
On appelle canon
une mélodie chantée par
plusieurs voix qui entrent
les unes après les autres
et chantent en même
temps des parties
différentes de la mélodie.

La complainte de Mandrin

Nous étions vingt ou trente,
Brigands dans une bande,
Tous habillés de blanc,
À la mod' des,
Vous m'entendez ?
Tous habillés de blanc,
À la mod' des marchands.

La pemière volerie,
Que je fis dans ma vie,
C'est d'avoir goupillé,
La bourse d'un,
Vous m'entendez ?
C'est d'avoir goupillé,
La bourse d'un curé.

J'entrai dedans sa chambre,
Mon Dieu qu'elle était grande !
J'y trouvai mille écus,
Je mis la main,
Vous m'entendez ?
J'y trouvai mille écus,
Je mis la main dessus.

J'entrai dedans une autre,
Mon Dieu qu'elle était haute !
De rob's et de manteaux,
J'en chargeai trois,
Vous m'entendez ?
De rob's et de manteaux,
J'en chargeai trois chariots.

Je les portai pour vendre,
À la foire en Hollande,
Les vendis bon marché,
Ne m'avaient rien,
Vous m'entendez ?
Les vendis au marché,
Ne m'avaient rien coûté.

Ces Messieurs de Grenoble,
Avec leurs longues robes,
Et leurs bonnets carrés,
M'eurent bientôt,
Vous m'entendez ?
Et leurs bonnets carrés,
M'eurent bientôt jugé.

Ils m'ont jugé à pendre,
Ah ! C'est dur à entendre !
À pendre et étrangler,
Sur la place du,
Vous m'entendez ?
À pendre et étrangler,
Sur la place du Marché.

Monté sur la potence,
Je regardai la France,
J'y vis mes compagnons,
À l'ombre d'un,
Vous m'entendez ?
J'y vis mes compagnons,
À l'ombre d'un buisson.

« Compagnons de misère,
Allez dire à ma mère,
Qu'ell' ne m' reverra plus,
J' suis un enfant,
Vous m'entendez ?
Qu'ell' ne m' reverra plus,
J' suis un enfant perdu. »

Né en 1724, Louis Mandrin fut un célèbre bandit de grand chemin. Ayant réussi à plusieurs reprises à vaincre les troupes royales chargées de l'arrêter et parce qu'il ne s'attaquait qu'aux fermiers généraux (les percepteurs de l'impôt), il acquit une grande popularité. Contrairement à ce que dit la chanson, Mandrin n'a, que l'on sache, jamais volé de curé. Il ne fut pas pendu à Grenoble mais roué de coups et étranglé à Valence le 26 mai 1755.

Le roi Renaud

Le roi Renaud de guerre revint,
Portant ses tripes en ses mains.
Sa mère était sur le créneau
Qui vit venir son fils Renaud.

– Renaud, Renaud, réjouis-toi !
Ta femme est accouchée d'un roi.
– Ni de la femme ni du fils
Je ne saurais me réjouir.

Allez ma mère, allez devant ;
Faites-moi faire un beau lit blanc :
Guère de temps n'y resterai,
À la minuit trépasserai.

– Mais faites-l' moi faire ici-bas
Que l'accouchée n'entende pas.
Et quand ce vint sur la minuit,
Le roi Renaud rendit l'esprit.

Il ne fut pas le matin jour
Que les valets pleuraient tretous ;
Il ne fut temps de déjeuner,
Que les servantes ont pleuré.

– Dites-moi, ma mère m'ami',
Que pleurent nos valets ici ?
– Ma fille en baignant nos chevaux
Ont laissé noyer le plus beau.

– Et pourquoi ma mère m'ami',
Pour un cheval pleurer ainsi ?
Quand le roi Renaud reviendra,
Plus beaux chevaux amènera.

Dites-moi, ma mère m'ami',
Que pleurent nos servantes-ci ?
– Ma fille, en lavant nos linceuls
Ont laissé aller le plus neuf.

– Et pourquoi, ma mère m'ami',
Pour un linceul pleurer ainsi ?
Quand le roi Renaud reviendra
Plus beaux linceuls achètera.

– Dites-moi, ma mère m'ami',
Pourquoi j'entends cogner ici ?
– Ma fill' ce sont les charpentiers
Qui raccommodent le planchier.

– Dites-moi, ma mère m'ami',
Pourquoi les cloches sonnent ici ?
– Ma fille, c'est la procession
Qui sort pour les rogations.

– Dites-moi, ma mère m'ami',
Que chantent les prêtres ici ?
– Ma fille, c'est la procession
Qui fait le tour de la maison.

Cette chanson est une *complainte*: on appelle ainsi une chanson relatant une longue histoire tragique ou grave. La complainte se caractérise par l'absence de refrain et par le nombre élevé de couplets.
Le roi Renaud reprend une légende du Moyen Âge mais n'a été imprimée qu'au XIXe siècle à une époque où les thèmes de chevalerie revenaient à la mode.

Or, quand ce fut pour relever
À la messe ell' voulut aller ;
Or, quand ce fut passé huit jours,
Ell' voulut faire ses atours.

– Dites-moi, ma mère m'ami',
Quel habit prendrai-je aujourd'hui ?
– Prenez le vert, prenez le gris,
Prenez le noir pour mieux choisir.

– Dites-moi, ma mère m'ami',
Ce que ce noir-là signifie ?
– Femme qui relève d'enfant
Le noir lui est bien plus séant.

Mais quand ell' fut emmi les champs,
Trois pastoureaux allaient disant :
– Voilà la femme du Seigneur
Que l'on enterra l'autre jour.

– Dites-moi, ma mère m'ami',
Que disent ces pastoureaux-ci ?
– Ils nous crient d'avancer le pas,
Ou que la messe n'aurons pas.

Quand ell' fut dans l'église entré',
Le cierge on lui a présenté ;
Aperçoit en s'agenouillant
La terre fraîche sous son banc.

– Dites-moi, ma mère m'ami',
Pourquoi la terre est rafraîchi' ?
– Ma fill', ne l' vous puis plus celer,
Renaud est mort et enterré.

– Puisque le roi Renaud est mort,
Voici les clefs de mon trésor.
Prenez mes bagues et joyaux,
Nourrissez bien le fils Renaud.

– Terre, ouvre-toi, terre, fends-toi,
Que j'aille avec Renaud mon roi.
Terre s'ouvrit, terre fendit,
Et s'y fut la belle englouti'.

Aux marches du palais

Aux marches du palais *(bis)*
Y a une tant belle fille,
Lon, la,
Y a une tant belle fille.

Elle a tant d'amoureux *(bis)*
Qu'ell' ne sait lequel prendre,
Lon, la,
Qu'ell' ne sait lequel prendre.

C'est un p'tit cordonnier
Qu'a eu la préférence.

Et c'est en la chaussant
Qu'il fit sa confidence.

La bell' si tu voulais
Nous dormirions ensemble.

Dans un grand lit carré
Parfumé de lavande.

Aux quatre coins du lit
Un bouquet de pervenches.

Dans le mitan du lit
La rivière est profonde.

Tous les chevaux du roi
Pourraient y boire ensemble.

La bell' si tu voulais
Nous dormirions ensemble.

Et nous serions heureux
Jusqu'à la fin du monde.

Trois jeunes tambours

Trois jeunes tambours s'en revenant de guerre *(bis)*
Et ri et ran, ran pa ta plan
S'en revenant de guerre.

Le plus jeune a dans sa bouche une rose *(bis)*
Et ri et ran, ran pa ta plan
Dans sa bouche une rose.

Fille du roi était à sa fenêtre.

– Joli tambour, donne-moi donc ta rose !

– Fille du roi, donne-moi donc ton cœur !

– Joli tambour, demande-le à mon père !

– Sire le roi, donnez-moi votre fille !

– Joli tambour, tu n'es pas assez riche.

– J'ai trois vaisseaux dessus la mer jolie.

Adopté au XIVᵉ siècle par l'armée française, le tambour (homme qui bat le tambour) servait à cadencer la marche des troupes et à donner du courage aux combattants. Cette chanson fait partie des chansons de marche depuis la deuxième moitié du XVIIIᵉ siècle. Elle était très en vogue dans les rangs de l'armée du roi Louis XV.

L'un chargé d'or, l'autre de pierreries.

Et le troisième pour promener ma mie.

– Joli tambour, dis-moi quel est ton père.

– Sire le roi, c'est le roi d'Angleterre.

– Joli tambour, tu auras donc ma fille.

– Sire le roi, je vous en remercie.

Dans mon pays y en a de plus jolies.

Le pont d'Avignon

Sur le pont d'Avignon,
On y danse, on y danse,
Sur le pont d'Avignon,
On y danse, tout en rond.

Les bell's dam's font comm' ça,
Et puis encor' comm' ça.

Les beaux messieurs font comm' ça,
Et puis encor' comm' ça.

Les cordonniers font comm' ça,
Et puis encor' comm' ça.

Les blanchisseuses font comm' ça,
Et puis encor' comm' ça.

Ce pont, long de 900 mètres, fut construit au XIIᵉ siècle par saint Bénezet jeune pâtre ardéchois qui en aurait reçu l'ordre de Dieu. Détruit en 1228 par Louis VIII venu assiéger la ville, le pont fut ensuite reconstruit, modifié, restauré et finalement abandonné à la fin du XVIIᵉ siècle. Il est depuis resté en l'état (ci-dessus). La chanson enfantine que nous connaissons date du XIXᵉ siècle.

Il était un petit navire

Il était un petit navire, *(bis)*
Qui n'avait ja-ja-jamais navigué,
Qui n'avait ja-ja-jamais navigué,
Ohé ! ohé !

Ohé ! ohé ! matelot,
Matelot navigue sur les flots
Ohé ! ohé ! matelot,
Matelot navigue sur les flots.

Il partit pour un long voyage, *(bis)*
Sur la mer Mé-Mé-Méditerranée,
Sur la mer Mé-Mé-Méditerranée,
Ohé ! ohé !

Au bout de cinq à six semaines,
Les vivres vin-vin-vinrent à manquer,

On tira z'à la courte paille,
Pour savoir qui-qui-qui serait mangé,

Le sort tomba sur le plus jeune,
C'est donc lui qui-qui-qui sera mangé,

On cherche alors à quelle sauce,
Le pauvre enfant-fant-fant sera mangé,

L'un voulait qu'on le mit à frire,
L'autre voulait-lait-lait le fricasser,

Pendant qu'ainsi l'on délibère,
Il monte en haut-haut-haut du grand hunier,

Il fait au ciel une prière,
Interrogeant-geant-geant l'immensité,

Mais regardant la mer entière,
Il vit des flots-flots-flots de tous côtés,

Oh! Sainte Vierge ma patronne,
Cria le pau-pau-pauvre infortuné,

Si j'ai péché, vite pardonne,
Empêche-les de-de-de me manger,

Au même instant un grand miracle,
Pour l'enfant, fut-fut-fut réalisé,

Des p'tits poissons, dans le navire,
Sautèrent par-par-par et par milliers,

On les prit, on les mit à frire,
Le jeune mou-mou-mousse fut sauvé,

Si cette histoire vous amuse,
Nous allons la-la-la recommencer.

Avant d'être matelots et peut-être capitaines,
les jeunes garçons font leurs armes comme
mousses. Hommes à tout faire de l'équipage,
les mousses nettoient les ponts, aident en
cuisine et aux machines ou vident le poisson.
Autrefois, ils embarquaient dès l'âge
de 12 ou 13 ans pour des voyages de plusieurs
mois. Ils subissaient alors, au milieu des rudes
marins, un apprentissage assez impitoyable
pour un salaire dérisoire.

Mon père m'a donné un mari

Mon père m'a donné un mari,
Mon Dieu, quel homme, quel petit homme !
Mon père m'a donné un mari
Mon Dieu, quel homme, qu'il est petit !

Je l'ai perdu dans mon grand lit,
Mon Dieu, quel homme, quel petit homme !
Je l'ai perdu dans mon grand lit,
Mon Dieu, quel homme, qu'il est petit !

J' pris un' chandelle et le cherchis,

À la paillasse le feu prit,

Je trouvai mon mari rôti,

Sur une assiette je le mis,

Le chat l'a pris pour un' souris,

Au chat, au chat, c'est mon mari !

Fillett' qui prenez un mari,

Ne le prenez pas si petit !

Mon père m'a donné un mari est une chanson de « maumariées » (mal mariées). On surnommait ainsi les filles que l'on mariait contre leur gré.

La rose au boué

Mon père ainsi qu' ma mère
N'avaient fille que moué,   *(bis)*
N'avaient fille que moué,
La destinée,
La rose au boué ! *(bis)*
N'avaient fille que moué !
La destinée au boué !

Ils me mir'nt à l'école,
À l'école du Roué,   *(bis)*
À l'école du Roué,
La destinée,
La rose au boué ! *(bis)*
À l'école du Roué,
La destinée au boué !

Ils me fir'nt faire une robe,
Une robe de soué.

Le tailleur qui la coupe
D'vint amoureux de moué.

À chaque point d'aiguille,
Il dit : « Embrassez-moué. »

C'est pas l'affair' des filles
D'embrasser les garçons.

C'est le devoir des filles
D' balayer les maisons.

Quand les maisons sont sales,
Les amoureux s'en vont.

Ils s'en vont quatr' par quatre
En frappant du talon.

Quand les maisons sont propres,
Les amoureux y vont.

Ils y vont quatr' par quatre
En jouant du violon.

On reconnaît dans ce texte
la prononciation qui avait
encore cours au XVIIIe siècle :
les « oi » se disaient alors « oué ».
La jeune fille de la chanson est
une exception : dans la société
du XVIIIe siècle, l'école n'était pas
encore obligatoire et les filles
y allaient encore moins
que les garçons.

Derrièr' chez nous

Derrièr' chez nous
Il est une montagne,
Moi, mon amant, nous la montions souvent
Moi, mon amant *(bis)*
Nous la montions souvent.
Déridéra, la, la, la, la, la, la, la, la, la, la, la, la, la, la *(bis)*

Pour la montée
Il est beaucoup de peine :
En descendant, mille soulagements
En descendant *(bis)*
Mille soulagements.
Déridéra, la, la, la, la, la, la, la, la, la, la, la, la, la, la *(bis)*

Derrièr' chez nous
Il est une fontaine
Toute fleurie de beaux lauriers d'amour

Derrièr' chez nous
Le rossignol y chante,
Soir et matin, à la pointe du jour.

Et il nous dit,
Dans son joli langage,
– Les amoureux sont souvent malheureux.

Le mal d'amour
Est une maladie,
Le médecin ne saura la guérir.

– Accorde-moi,
Ma charmante maîtresse,
Accorde-moi un peu de liberté.

– Quell' liberté
Veux-tu que je te donne ?
Quand mes parents
m'ont défendu d'aimer.

– J'irai mourir
dans un lieu solitaire,
Derrièr' chez nous,
Sur un coin de rocher.

On appellait *regret*
cette forme de
chanson tendre
et un peu triste.
Celle-ci était
à l'origine chantée
par les jeunes bergers
du Béarn (Pyrénées).
Ci-dessus, des bergers
béarnais montés
sur les fameuses
échasses qui leur
permettaient
de traverser
les marécages.

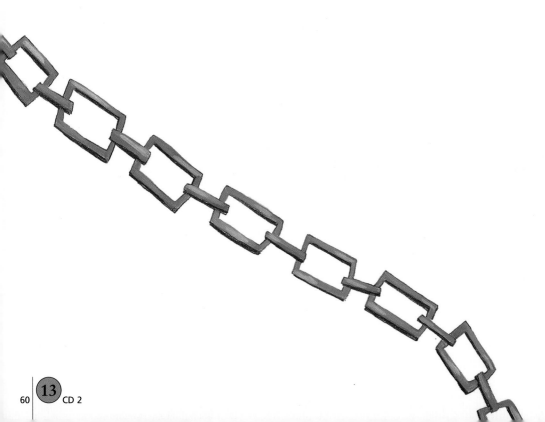

Les fers de Lise

Ne tombez jamais dans les fers de Lise
Vous gémirez nuit et jour
Car la cruelle a pour devise
Plus d'amour, plus d'amour.

Ce canon à quatre
voix est une
chanson d'amour
du XVIe siècle.
L'amour vu comme
une douce prison
ou comme une
rose épineuse
est un thème cher
à la Renaissance.

Le carillonneur

Maudit sois-tu, carillonneur,
Toi qui naquis pour mon malheur !
Dès le point du jour à la cloche il s'accroche,
Et le soir encor' carillonne plus fort.
Quand sonnera-t-on la mort du sonneur ?

Le carillon est un ensemble de cloches accordées différemment. Sonnant les heures ou sigalant les grands événements, les carillons étaient suspendus dans les clochers et les beffrois. Au Moyen Âge, les carillons comptaient trois à huit cloches. Au XVIe siècle leur nombre s'accrut et, grâce à un clavier, on put jouer des mélodies. Aujourd'hui les carillons sont actionnés à l'électricité.

Compère Guilleri

Il était un p'tit homme
Qui s'app'lait Guilleri, *(bis)*
Carabi.
Il s'en fut à la chasse,
À la chasse aux perdrix, *(bis)*
Carabi.

REFRAIN
Toto carabo, titi carabi,
Compère Guilleri.
Te lairas-tu, te lairas-tu,
Te lairas-tu mouri ?

Il s'en fut à la chasse,
À la chasse aux perdrix,
Carabi,
Il monta sur un arbre
Pour voir ses chiens couri,
Carabi.

Il monta sur un arbre
Pour voir ses chiens couri,
Carabi,
La branche vint à rompre
Et Guilleri tombit,
Carabi.

La branche vint à rompre
Et Guilleri tombit,
Carabi.
Il se cassa la jambe
Et le bras se démit,
Carabi.

Il se cassa la jambe
Et le bras se démit,
Carabi.
Les dames de l'hôpital
Sont arrivées au bruit
Carabi.

Les dames de l'hôpital
Sont arrivées au bruit
Carabi.
L'une apporte un emplâtre,
L'autre de la charpie,
Carabi.

L'une apporte un emplâtre,
L'autre de la charpie,
Carabi.
On lui banda la jambe
Et le bras lui remit,
Carabi.

On lui banda la jambe
Et le bras lui remit,
Carabi.
Pour remercier ces dames,
Guilleri les embrassit,
Carabi.

Pour remercier ces dames,
Guilleri les embrassit,
Carabi.
Ça prouve que par les femmes
L'homme est toujours guéri,
Carabi.

La tradition veut que
le héros de la chanson
soit Philippe Guillery,
brigand redouté
du début du XVIIe siècle
qui, avec sa bande,
semait la terreur dans
le Poitou. En réalité,
ce texte existait déjà
au XVIe siècle et il est
donc probable que
notre chasseur ne doive
sont nom qu'à ses
sonorités guillerettes.

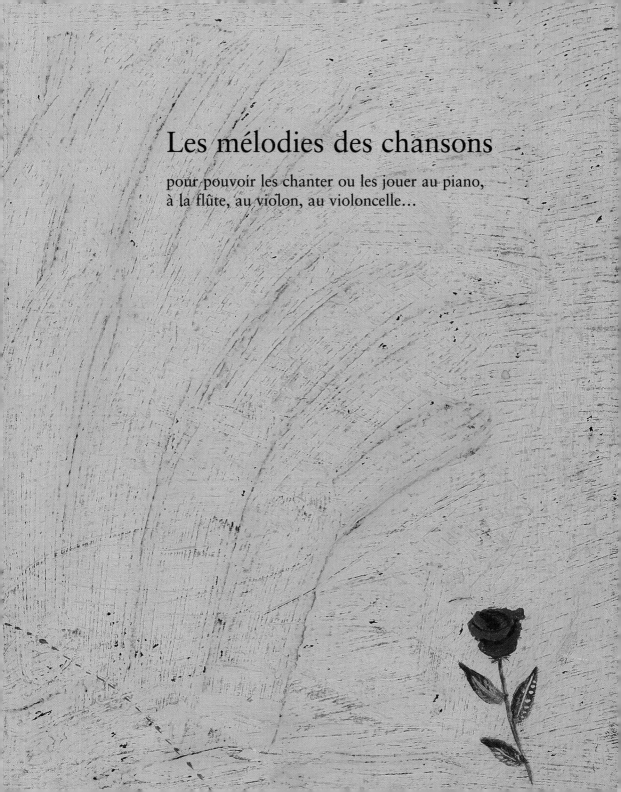

Les mélodies des chansons

pour pouvoir les chanter ou les jouer au piano,
à la flûte, au violon, au violoncelle...

CD 1

V'là l'bon vent

V'là l'bon vent, v'là l'jo-li vent V'là l'bon vent, ma____ mie m'ap-pel-le,

V'là l'bon vent, v'là l'jo-li vent, V'la l'bon vent, ma____ mie m'at-tend.

Der-rièr' chez nous y a-t-un é-tang, Der-rièr' chez nous y a-

t-un é-tang. Trois beaux ca-nards s'en vont bai-gnant.____

A la claire fontaine

A la clai-re fon-tai-ne M'en al-lant pro-me-ner

J'ai trou-vé l'eau si bel-le Que je m'y suis bai-gnée

refrain

Il y a long-temps que je t'ai-me Ja-mais je ne t'ou-blie-rai.

Sur la route de Louviers

Sur la rou-te de Lou-viers Sur la rou-te de Lou-

viers Y a-vait un can-ton-nier Y a-vait un can-ton-

nier____ Et qui cas-sait Des tas d'cail-loux Et qui cas-

sait Des tas d'cail - loux Pour mettr' sur l'pas - sage des
roues Sur la rou - te de Lou - viers.

En passant par la Lorraine

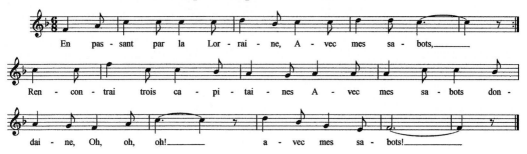

En pas - sant par la Lor - rai - ne, A - vec mes sa - bots,_____
Ren - con - trai trois ca - pi - tai - nes A - vec mes sa - bots don -
dai - ne, Oh, oh, oh!_____ a - vec mes sa - bots!

Les gars de Locminé

refrain   *refrain*

Sont, sont, sont les gars de Loc - mi - né, Qui ont de la mail -
let - te, Qui ont de la mail - let - te; Sont, sont, sont les gars de Loc - mi -
né, Qui ont de la mail - let - te, Des - sous leurs sou - liers.
Mon père et ma mè - re d'Loc - mi - né y sont D'Loc - mi - né y
sont. Ils ont fait - pro - mes - se Qu'ils me ma - rie - ront

Les compagnons de la Marjolaine

Qu'est - c' qui passe i - ci si tard, Com - pa - gnons de la Mar - jo -
lai - ne? Qu'est - c' qui passe i - ci si tard, Gai, gai, des - sus le quai?

Ne pleure pas Jeannette

Ne pleu - re pas, Jean - net - te Tra la la la la
la la la la la la la la_____ Ne pleu - re pas Jean -
net - te Ne pleu - re pas Jean - net - te nous te ma - rie - rons

Dans les prisons de Nantes

Dans les pri - sons de Nan - tes Eh' youp la la la ri tra la la, Dans
les pri - sons de Nan - tes, Il y a un pri - son - nier_____ Il
ya un pri - son - nier_____ Il y a un pri - son - nier_____

Sont les fill's de La Rochelle

Sont les fill's de La Ro - chel - le Ont ar -
mé un bâ - ti - ment Ont ar - mé un bâ - ti - ment Pour al -
ler fai - re la cour - se De - dans les mers du_____ Le - vant. Ah! la
feuil - le s'en - vo - le, s'en - vo - le Ah! la feuil - le s'en - vole au vent!

Chantons la vigne

Chan - tons la vig - ne La voi - là la jo - li' vi - gne Vi - gni vi - gnons vi - gnons le vin La voi - là la jo - li' vigne au vin La voi - là la jo - li' vi - gne.

Le vieux chalet

Là - haut sur la mon - ta - gne L'é - tait un vieux cha - let Là - haut sur la mon - ta - gne L'é - tait un vieux cha - let Murs blancs, toit de bar - deaux De - vant la porte un vieux bou - leau Là - haut sur la mon - ta - gne L'é - tait un vieux cha - let.

Colchiques

Col - chi - ques dans les prés fleu - ris - sent fleu - ris - sent, Col - chi - ques dans les prés: c'est la fin de l'é - té. *refrain* La feuil - le d'au - tom - ne em - por - tée par le vent En ron - de mo - no - to - ne tombe en tour - bil - lon - nant.

Sur l'pont du Nord

Sur l'pont du Nord, un bal y est don -
né. Sur l'pont du Nord, un bal y est don - né.

La Marseillaise

Al - lons en - fants de la pa - tri - e, Le jour de gloire est ar - ri -
vé, Con - tre nous de la ty - ran - ni - e, L'é - ten - dard san - glant est le -
vé! L'é - ten - dard___ san - glant est le - vé! En - ten - dez - vous dans les cam -
pa - gnes Mu - gir ces fé - ro - ces sol - dats,___ Ils vien - nent jus - que dans vos
bras E - gor - ger vos fils___ vos com - pa - gnes. Aux ar___ mes, ci - toy -
ens! For - mez___ vos ba - tail - lons! Mar - chons, Mar -
chons, Qu'un sang im - pur___ A - breu___ ve nos sil - lons.

CD 2

Nous n'irons plus au bois

Nous n'i - rons plus au bois, Les lau - riers sont cou - pés,
La bel - le que voi - là I - ra les ra - mas - ser.

refrain

En - trez dans la dan - se, Vo - yez comme on dan - se,

Sau - tez, dan - sez, Em - bras - sez qui vous vou - drez!

La légende de saint Nicolas

Il é - tait trois pe - tits en - fants Qui s'en al -

laient gla - ner aux champs. Tant sont al - lés, tant sont ve - nus Que -

sur le soir se sont_____ per - dus S'en sont al -

lés, chez le bou - cher_____ "Bou - cher, vou - drais - tu nous lo - ger?"

Vent frais

Vent frais, vent du ma - tin, Sou - le - vant le som - met des grands pins,

Joie du vent qui souffle, al - lons dans le grand

La complainte de Mandrin

Nous é - tions vingt ou tren - te Bri - gands dans u - ne ban - de Tous ha - bil - lés de blanc A la mod' des, Vous m'en - ten - dez ? Tous ha - bil - lés de blanc A la mod' des mar - chands

Le roi Renaud

Le roi Re - naud de guerre re - vint, Por - tant ses tri - pes en ses mains. Sa mère é - tait sur le cré - neau Qui vit ve - nir son fils Re - naud.

Aux marches du palais

Aux mar - ches du pa - lais Aux mar - ches du pa - lais Y a une tant bel - le fil - le Lon, la, Y a une tant bel - le fil - le.

Trois jeunes tambours

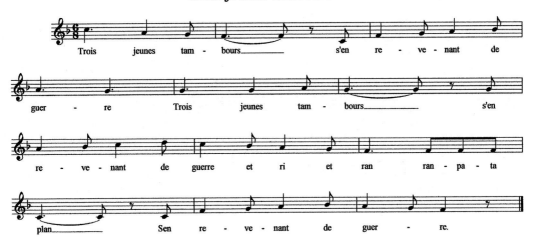

Trois jeunes tam - bours_____ s'en re - ve - nant de
guer - re Trois jeunes tam - bours_____ s'en
re - ve - nant de guerre et ri et ran ran - pa - ta
plan_____ Sen re - ve - nant de guer - re.

Le pont d'Avignon

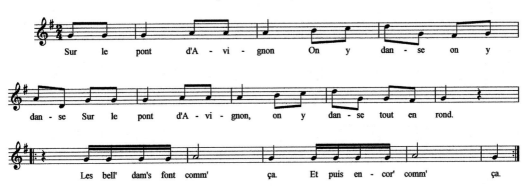

Sur le pont d'A - vi - gnon On y dan - se on y
dan - se Sur le pont d'A - vi - gnon, on y dan - se tout en rond.
Les bell' dam's font comm' ça. Et puis en - cor' comm' ça.

Il était un petit navire

Il ét - ait un pe - tit na - vi - re Il é - tait
un pe - tit na - vi - re Qui n'a - vait ja - ja ja - mais na - vi -
gué, Qui n'a - vait ja - ja ja - mais na - vi - gué, O - hé! O -

75

hé! O - hé! O - hé! O - hé! Ma - te - lot, Ma - te - lot na-
vi - gue sur les flots O - hé! O -
hé! Ma - te - lot Ma - te - lot na - vi - gue sur les flots

Mon père m'a donné un mari

Mon père m'a don - né un ma - ri, Mon Dieu quel
homme quel pe - tit hom - me! Mon père m'a don - né un mari, Mon Dieu quel homme, qu'il est pe - tit!

La rose au boué

Mon père ain - si qu'ma mè - re N'a - vaient fil - le que moué,
N'a - vaient fil - le que moué, La des - ti - née, La rose au boué!
N'a - vaient fil - le que moué, La des - ti - née au boué!

Derrièr' chez nous

Der - rièr' chez nous il est u - ne mon - ta - gne, Moi, mon a-
mant, nous la mon - tions sou - vent Moi mon a - mant, Moi, mon a-

mant, nous la mon - tions sou - vent_____ Dé - ri - dé - ra, la, la, la, la, la, la, la,

la, la, la, la, la, la, la Dé - ri - dé - ra, la, la, la, la, la, la, la, la, la, la, la_____

Les fers de Lise

Ne tom - bez ja - mais dans les fers de Li - se Vous gé - mi - rez nuit et jour

Car la cruel - le a pour de - vi - se Plus d'a - mour, Plus d'a - mour.

Le carillonneur

Mau - dit sois - tu, ca - ril - lon - neur, Toi qui na - quis pour mon mal - heur!

Dès le point du jour à la cloche il s'ac - croche. Et le soir en - cor' ca - ril - lon - ne plus fort.

Quand son - ne - ra - t - on la mort du son - neur?

Compère Guilleri

Il é - tait un p'tit hom - me Ap - pe - lé Guil - le - ri, Ca - ra - bi. Il

s'en fut à la chas - se, A la chasse aux per - drix, Ca - ra - bi, To -

to ca - ra - bo, ti - ti ca - ra - bi, Com - pè - re Guil - le - ri.

Te lai - ras - tu, te lai - ras - tu, Te lai - ras - tu mou_____ ri.

Table des illustrations

Crédits des chansons

Colchiques: Musique originale de Francine Cockenpot. Éditions du Seuil, Paris - Arrangements d'Alain Louvier. Éditions Gallimard Jeunesse, Paris / Éditions Musicales Européennes, Paris. *Le vieux chalet:* Musique originale de Joseph Bovet. Éditions Foestisch frères SA, Lausanne (Suisse) - Arrangements d'Alain Louvier. Éditions Gallimard Jeunesse, Paris / Éditions Musicales Européennes, Paris. *En passant par la Lorraine, La Marseillaise, Les fers de Lise, Compère Guilleri, Aux marches du Palais:* Musique originale du domaine Public. *V'là l' bon vent, à la claire fontaine, Sur la route de Louviers, Les gars de Lociminé, Les compagnons de la Marjolaine, Ne pleure pas, Jeannette, Dans les prisons de Nantes, Sont les fill's de La Rochelle, Chantons la vigne, Sur l'pont du Nord, La Marseillaise, Nous n'irons plus au bois, La légende de saint Nicolas, Vent frais, La complainte de Mandrin, Le roi Renaud, Trois jeunes tambours, Le pont d'Avignon, Il était un petit navire, Mon père m'a donné un mari, La rose au boué, Derrièr' chez nous, Le carillonneur:* Musique originale du domaine Public - Arrangements d'Alain Louvier. Éditions Gallimard Jeunesse, Paris / Éditions Musicales Européennes, Paris.

LIVRE
Gallimard Jeunesse:
Paule du Bouchet
**Coordination éditoriale
et iconographie:**
Marine de Pierrefeu
Graphisme:
Élisabeth Cohat
Maquette:
Aubin Leray et
Anne-Catherine Boudet

DISQUE
**Direction artistique
et réalisation:**
Paule du Bouchet
**Arrangements
et orchestrations:**
Alain Louvier
Direction musicale:
Patrick Marco

L'enregistrement du CD
a été réalisé dans les studios
du CNR-Paris

**Prise de son, mixage
et montage:**
Judith Carpentier-Dupont

Musiciens:
Nolwenn Bargin (flûte,
piccolo, flûte alto)
Damien Bec (alto)
Vlad Bogdanas (violon)
Marie Delbousquet
(violoncelle)
Pierre-Antoine Escoffier
(hautbois)
Christine Lajarrige (piano)
Julien Hervé (clarinette)
Primor Sluchin (harpe)
Vitier Vivas (percussions)

Maîtrise de Paris
Direction: Patrick Marco
Choristes:
Sépanta Aguado Sorouche
Sarah Bart
Dounia Behna
Mélisande Bizoirre
Marine Bollard
Leslie Bourdin
Emmanuel Burgun
Élise Chauvin
Christine Chiu
Clémence de Paillette
Joséphine de Paillette
Camille de La Vega

Marie Devaine
Léa d'Oria Blanchet
Pierre Frappé
Mélisande Froidure-Lavoine
Marion Gomar
Louise Harguinteguy
Rizwana Humayun
Maxime Lancino
Macha Lemaître
Éléonore Leprettre
Clarisse Limal
Michaël Machiah
Michaël Mera
Faustine de Monès
Norma Nahoun
Sarah Oudina
Juliette Paix
Sarah Perahim
Barbara Probst
Tatiana Probst
Maria-Christina Rechard
Élisa Rodriguez
Mathilde Rognon
Germain Ropars
Mathilde Rougeron
Émilie Saucier
Coline Senac
Deniz Simsekel
Célia Tranchand

Alain Louvier
Ancien élève d'Olivier Messiaen et de Manuel Rosenthal au Conservatoire, Alain Louvier
a été tour à tour directeur du Conservatoire national de région de Boulogne (de 1972 à 1986)
et directeur du Conservatoire national supérieur de musique de Paris (de 1986 à 1991).
Parallèlement à ses activités de compositeur et de chef d'orchestre, pour lesquelles
il a reçu de nombreux prix, Alain Louvier continue d'enseigner l'analyse musicale
et l'orchestration au CNSM et au CNR de Paris.

Maîtrise de Paris
Créée en 1981 par le ministère de la Culture et la Mairie de Paris, la Maîtrise recrute
des enfants à partir de la classe de CM1 et leur offre une formation complète et individualisée.
Dirigée par Patrick Marco depuis 1984, la Maîtrise de Paris a acquis une reconnaissance
internationale en participant à de prestigieuses créations en France et à l'étranger.
Elle a reçu plusieurs prix d'interprétation dont, en 1999, le Prix de chant choral Liliane
Bettencourt décerné par l'Académie des beaux-arts.

LES COLLECTIONS GALLIMARD JEUNESSE MUSIQUE

Les imagiers (tout-petits)
Mon imagier sonore
Mon imagier amusettes
Mon imagier des rondes
Mon imagier des animaux sauvages
L'imagier de ma journée

Coco le ouistiti (dès 18 mois)
Coco et le poisson Ploc
Coco et les bulles de savon
Coco et la confiture
Coco lave son linge
Coco et les pompiers

Mes Premières Découvertes de la Musique (3 à 6 ans)
Barnabé et les bruits de la vie
Charlie et le jazz
Faustine et les claviers
Fifi et les voix
Léo, Marie et l'orchestre
Loulou et l'électroacoustique
Max et le rock
Momo et les cordes
Petit Singe et les percussions
Tim et Tom et les instruments à vent
Tom'bé et le rap
Timbélélé et les musiques africaines

Musique et langues (3 à 6 ans)
Billy and Rose

Découverte des Musiciens (6 à 10 ans)
Jean-Sébastien Bach
Ludwig van Beethoven
Hector Berlioz
Frédéric Chopin
Claude Debussy
Georg Friedrich Hændel
Wolfgang Amadeus Mozart
Henry Purcell
Franz Schubert
Antonio Vivaldi

Grand répertoire (8 à 12 ans)
Douce et Barbe Bleue
La Flûte enchantée

Musiques d'ailleurs (8 à 12 ans)
Antòn et la musique cubaine
Bama et le blues
Brendan et les musiques celtiques
Djenia et le raï
Jimmy et le reggae
Tchavo et la musique tzigane

Musiques de tous les temps (8 à 12 ans)
La musique au temps des chevaliers
La musique au temps du Roi-Soleil
La musique au temps de la préhistoire

Carnets de Danse (8 à 12 ans)
La danse classique
La danse hip-hop
La danse jazz
La danse moderne

Hors série (pour tous)
L'Alphabet des grands musiciens
L'Alphabet des musiques de films
L'Alphabet du Jazz
Les Berceuses des grands musiciens
Les Berceuses du monde entier (vol. 1)
Les Berceuses du monde entier (vol. 2)
La Bible en musique
Chansons d'enfants du monde entier
Chansons de France (vol. 1)
Chansons de France (vol. 2)
Musiques à faire peur
La Mythologie en musique
Poésies, comptines et chansons pour le soir
Poésies, comptines et chansons pour tous les jours

ISBN : 2-07-053549-5 © Éditions Gallimard Jeunesse
Premier dépôt légal : mai 2002
Dépôt légal : septembre 2003
Numéro d'édition : 125236
Imprimé en Italie par Editoriale-Lloyd
Loi n° 49-956 du 16 juillet 1949
sur les publications destinées à la jeunesse